PROCÈS

DU

LIEUTENANT-GÉNERAL,

SAVARY, DUC DE ROVIGO.

PROCÈS

DU

LIEUTENANT-GÉNÉRAL,

SAVARY, DUC DE ROVIGO,

CONTUMAX;

Contenant l'Ordonnance du Roi du 24 juillet 1815, la séance du Conseil de guerre permanent de la 1re division militaire, les pièces du procès, le Mémoire publié par *Mme la duchesse de Rovigo*, les conclusions du rapporteur, et le jugement qui le condamne à la peine de mort;

Précédé d'une Notice historique sur ce Général.

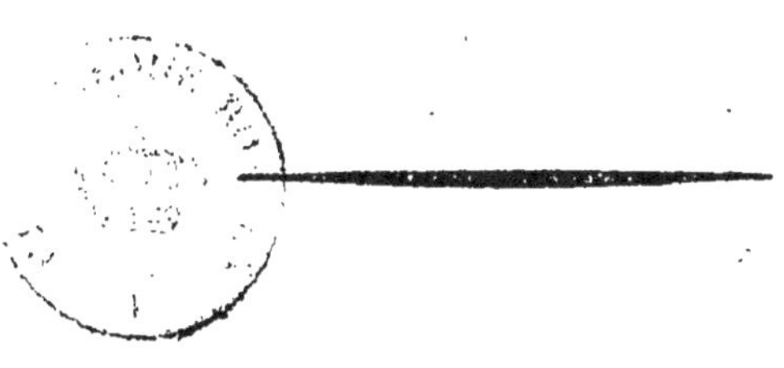

A PARIS,

Chez
{
PHANCHER, Éditeur de la Collection générale des Procès jugés en vertu de l'Ordonnance du Roi du 24 juillet 1815, rue Serpente, n° 14;
DELAUNAY, Libraire, au Palais-Royal.

1817.

NOTICE HISTORIQUE.

Savary, duc de Rovigo, lieutenant-général,
grand-cordon de la Légion-d'Honneur, ministre de
la police, premier inspecteur général de la gendarmerie, pair, etc.

Né à Sedan et fils du major du château de cette
ville, il embrassa la profession des armes à la révo-
lution, devint promptement capitaine, et fut successivement aide de camp des généraux Ferino et
Desaix. Il suivit ce dernier en Egypte, revint avec lui
en France, se rendit à l'armée d'Italie, et était à ses
côtés lorsque ce jeune officier général reçut le coup
mortel à Marengo. Bonaparte l'attacha aussitôt à sa
personne, lui donna un avancement rapide, et le char-
gea de sa police particulière avec le titre de général
de division et les fonctions de premier inspecteur général de la gendarmerie. Il fit successivement les cam-
pagnes de 1805, 1806 et 1807 contre les Autrichiens,
les Prussiens et les Russes, se distingua en quelques
occasions, et reçut le grand-cordon de la Légion-
d'Honneur. Il commandait les fusiliers de la garde au
combat de Heilsberg et à Friedland, où il fit des
prodiges de valeur, se fit également remarquer, en
1809, à la bataille d'Eckmull par son intrépidité et

Son sang-froid, et fut nommé ministre de la police générale le 31 juin 1810. Depuis cette époque, Savary fut de plus en plus l'instrument servile des projets et des fureurs de Napoléon. Il proscrivit, emprisonna, exila tout ce qui paraissait vouloir s'opposer au des potisme de son maître, et devint l'exécuteur bannal de ses ordres tyranniques. La chute de Bonaparte, en 1814, vint le rendre à la vie privée, et le retour de cet usurpateur, en 1815, ne lui procura que la place de premier inspecteur général de la gendarmerie et la dignité de pair qu'il ne conserva pas long-temps. Il fut compris dans l'ordonnance du Roi du 24 juillet, qui ordonnait sa tradition devant un conseil de guerre, s'embarqua avec Napoléon pour l'Angleterre, en fut séparé quand on envoya celui-ci à Sainte-Hélène, et conduit à Malte, où il résidait à la fin de 1815, sous la protection des lois anglaises; il s'en échappa depuis avec ou sans permission, pour se réfugier à Smyrne, d'où il fut chassé peu de temps après par les ordres de la Sublime Porte, et passa enfin aux Etats-Unis d'Amérique à la fin de 1816.

ORDONNANCE DU ROI.

Au château des Tuileries, le 24 juillet 1815.

LOUIS, par la grâce de Dieu, Roi de France et de Navarre.

Voulant, par la punition d'un attentat sans exemple, mais en graduant la peine et limitant le nombre des coupables, concilier l'intérêt de nos peuples, la dignité de notre couronne et la tranquillité de l'Europe, avec ce que nous devons à la justice et à l'entière sécurité de tous les autres citoyens sans distinction,

Avons déclaré et déclarons, ordonné et ordonnons ce qui suit :

Art. 1er. Les généraux et officiers qui ont trahi le Roi avant le 23 mars, ou qui ont attaqué la France et le gouvernement à main armée, et ceux qui, par violence, se sont emparés du pouvoir, seront arrêtés et traduits devant les conseils de guerre compétens, dans leurs divisions respectives ; savoir :

Ney, Labédoyère, les deux frères Lallemant,

Drouet-d'Erlon, Lefebvre-Desnouettes, Ameilh, Brayer, Gilly, Mouton-Duvernet, Grouchy, Clausel, Laborde, Debelle, Bertrand, Drouot, Cambronne, Lavalette, Rovigo.

PROCÈS

DU

LIEUTENANT-GÉNÉRAL

SAVARY, DUC DE ROVIGO.

Le conseil est composé ainsi qu'il suit : *président*, M. le duc de Grammont, lieutenant-général, capitaine des gardes-du-corps du Roi. *Juges :* M. le comte d'Escars, lieutenant-général, capitaine des gardes-du-corps de *Monsieur*; M. le marquis Letourneur, lieutenant-général, major des gardes-du-corps de *Monsieur* ; M. le comte Mellet, colonel de la légion de l'Aube ; M. Dumetz, capitaine à la même légion ; M. Chambellan , capitaine à la légion de la Vendée ; M. .... , capitaine d'état-major. *Procureur du Roi :* M. de Salgues , capitaine d'état-major. *Rapporteur :* M. Viotti, chef de bataillon d'état-major.

Le conseil entre en séance à onze heures.

Mᵐᵉ la duchesse de Rovigo est dans la salle d'audience; deux de ses sept enfans sont à ses côtés.

Après la lecture des ordres relatifs à la convocation et à la composition du conseil de guerre pour juger M. Anne-Jean-Marie Savary, duc de Rovigo , prévenu de trahison envers le Roi, d'avoir favorisé le débarquement de Bonaparte, et d'avoir accepté , avant le 23 mars, des fonctions de l'usurpateur, M. de Salgues, procureur du Roi, prend la parole. Il annonce que Mᵐᵉ la duchesse de Rovigo a fait imprimer et a adressé au conseil un Mémoire où elle s'efforce de justifier son mari des crimes qui lui sont imputés. Il ne blâme point madame la duchesse ; il reconnaît , au contraire , qu'elle n'a fait que remplir son devoir d'épouse et de mère ; mais il discute les diverses propositions contenues dans le Mémoire ; il les trouve toutes sans fondement, et opposées aux faits qui lui semblent prouvés par l'instruction. En finissant ses observations , il déclare ne les avoir faites que pour prémunir les membres du conseil contre une sensibilité naturelle de laquelle ils doivent défendre leurs cœurs pour n'écouter que la justice.

M. le rapporteur donne ensuite lecture des pièces du procès; au nombre de ces pièces se trouvent ,

1º Une lettre sans date et sans adresse, ainsi conçue :

« J'avais nommé le docteur Renoult médecin des prisons d'état; il a été renvoyé, et c'est lui qui, dans l'année qui vient de s'écouler, a été le colporteur et l'entremetteur entre l'île d'Elbe et nous. Il est connu au ministère et fera bien ce qu'on demandera de lui. Il a fait la guerre d'Italie, d'Egypte et de Pologne. »　　　　　*Signé*, le duc DE ROVIGO.

2º. Une lettre dans laquelle le docteur Renoult, qui avait été arrêté par mesure de haute-police, sollicite de M. le préfet de police la faveur d'être interrogé.

3º. L'interrogatoire subi, par ce docteur, à la préfecture de police. Dans cet interrogatoire, il nie qu'il ait entretenu aucune correspondance avec l'île d'Elbe, et qu'il ait été l'entremetteur d'aucune manœuvre ayant pour but le retour de l'homme qui était dans cette île. Il soutient qu'avant le mois de mars il ignorait absolument que Bonaparte dût revenir en France, et il affirme que le duc de Rovigo , qu'il voyait fréquemment comme ami et comme médecin, ne lui avait jamais parlé de ce retour. Avant la première chute de Bonaparte, ajoute le docteur , j'avais osé déclarer, en présence du duc de Rovigo , que je regardais ses entreprises ambitieuses et tyranniques comme propres à perdre la France. Faites-vous attention, m'avait dit le duc, que vous parlez à l'un de ses ministres ? Je lui avais répondu : Je parle au général Savary. Le docteur Renoult, dans son interrogatoire, reconnaît avoir signé l'acte additionnel. Il reconnaît aussi que, pendant les cent jours , il a fait des sollicitations près du duc d'Otrante pour être rétabli dans la place d'inspecteur-médecin des prisons d'état, qu'il avait perdue au premier retour du Roi. Il croit avoir été recommandé à cet effet par le duc de Rovigo. La lettre de recommandation attribuée au duc de Rovigo lui semble en effet avoir été tracée par la main de ce dernier; mais il soutient que son contenu est faux.

4º. Un autre interrogatoire subi devant le rapporteur du conseil par le docteur Renoult, qui a persisté dans ses premières déclarations.

5º. Le rapport des sieurs Saint-Omer et Brard, experts écrivains. Ces deux experts, examen fait de plusieurs pièces de comparaison et de la lettre, sans date, signée le duc de Rovigo, estiment que les pièces de comparaison et celle de question sont de la même main, et qu'en conséquence la lettre attribuée au duc de Rovigo est réellement son ouvrage.

6º. Un décret du 20 mars 1815, qui nomme le duc de Rovigo inspecteur-général de la gendarmerie.

7º. Un certificat d'un inspecteur aux revues, attestant que le duc de Rovigo a touché un traitement comme inspecteur-général de gendarmerie, à dater du 20 mars.

8º. Le Mémoire publié par Mme la duchesse de Rovigo, dont la teneur suit :

« UNE accusation capitale est portée devant vous contre le duc de Rovigo, mon mari. On me dit qu'il est accusé d'avoir trahi le Roi, 1º en acceptant et en exerçant, du 20 au 23 mars 1815, les fonctions de premier inspecteur-général de la gendarmerie; 2º en entretenant des correspondances avec l'île d'Elbe, pendant que Bonaparte y résidait.

» Mon mari n'est pas en France, tout me porte à croire qu'il n'est même pas en Europe. S'il ne se présente pas pour répondre à l'accusation qui pèse sur sa tête, ce n'est pas par un esprit de désobéissance aux ordres de la justice, c'est que la connaissance de ces ordres n'est pas arrivée jusqu'à lui.

» Alors serait-il défendu à son épouse, à la mère de ses enfans, d'élever la voix en faveur de leur père? Nos lois criminelles peuvent être rigoureuses, mais elles ne peuvent pas être barbares; elles ne sont pas, elles ne peuvent pas être en opposition avec la nature ; et ma conscience me dit qu'en cherchant à détourner la condamnation dont mon mari est menacé, loin de les enfreindre, je remplis le plus sacré des devoirs.

» Un acte d'accusation, même contre un absent, n'est point un arrêt de mort; si les juges peuvent l'absoudre, ne doivent-ils pas écouter ses moyens de justification, sur-tout lorsque ces moyens leur sont présentés par une personne si intéressée à les voir accueillir?

» Le premier chef d'accusation contre mon mari est d'avoir trahi le Roi, en acceptant et en remplissant, avant le 23 mars 1815, les fonctions de premier inspecteur-général de la gendarmerie; mais l'acceptation et l'exercice de ces fonctions qui, suivant l'acte d'accusation, portent le caractère d'une trahison envers le Roi, sont-ils vrais, sont-ils prouvés? Je ne le crois pas.

» Le décret de nomination de mon mari, daté du château des Tuileries, du 20 mars 1815, fut inséré, le 21, dans le *Moniteur*. M. le duc de Rovigo crut, pendant plusieurs jours, que M. le maréchal Moncey reprendrait l'inspection générale de la gendarmerie, et ne se détermina à accepter cette place que lorsque M. le maréchal eut persévéré jusqu'au 25 dans son refus. D'après ce fait, qui est très-présent à ma mémoire, je suis sûre que mon mari n'a point exercé les fonctions d'inspecteur-général de la gendarmerie avant le 23 mars.

» Sans doute on ne fait pas à M. le duc de Rovigo un crime d'avoir été nommé avant le 23 mars : c'est un fait qui lui est étranger, et dont il me paraît bien évident qu'il n'a point à répondre.

» Et quand il aurait accepté et rempli des fonctions publiques avant le 23 mars, se serait-il rendu coupable d'un crime qui méritât la mort?

» Non, sans doute. En effet, on ne peut pas dire que mon mari se soit immiscé, sans titre, dans des fonctions publiques, lorsque , dans un bouleversement général et dans l'absence de tout gouvernement, il a cru devoir accepter, pour le maintien de la tranquillité publique, une place à laquelle il était nommé par celui qui exerçait par le fait le pouvoir souverain.

» On veut en vain, au lieu d'examiner en lui-même le fait imputé à mon mari, le considérer comme une trahison envers le Roi; j'en appelle à la volonté, aux intentions connues de ce monarque. Son ordonnance du 24 juillet porte, art. 1er : « Les généraux et officiers qui ont trahi le Roi avant » le 23 mars, ou qui ont attaqué la France ou le gouvernement à main » armée, et ceux qui , par violence , se sont emparés du pouvoir , seront » arrêtés et traduits devant les conseils de guerre compétens, dans leur division » respective, savoir, etc. etc. etc. »

» Pour ne rien abandonner à l'arbitraire, cette ordonnance distingue avec soin les trois genres de crimes dont elle ordonne la poursuite et le châtiment ; c'est 1º d'avoir trahi le Roi; 2º d'avoir attaqué la France et le gouvernement à main armée ; 3º de s'être emparé du pouvoir par violence. L'ordonnance met à la rigueur de ses dispositions des limites qu'on ne pourrait pas franchir sans la violer. Elle a livré aux conseils de guerre ceux qui se sont emparés du pouvoir par violence ; mais elle n'a pas exercé la même sévérité contre ceux qui ont accepté et rempli des fonctions, lorsque ces fonctions ont été conférées par celui qui s'était mis à la tête du gouvernement.

» Une preuve nouvelle que l'exercice de ses fonctions n'est pas regardée comme une trahison, c'est que les ministres, les directeurs-généraux et les préfets nommés par les décrets des 20, 21 et 22 mars, et dont plusieurs, à coup sûr, ont exercé des fonctions avant le 23, ne sont pas compris dans l'article 1er de l'ordonnance, et qu'un grand nombre n'est pas même porté en l'art. 2, dont les dispositions sont encore moins rigoureuses.

» Le second chef d'accusation contre mon mari est d'avoir entretenu des correspondances avec l'île d'Elbe. On a répandu partout dans le monde qu'il existe une note de sa main, note dans laquelle, en recommandant un individu, il s'exprimerait ainsi : « C'est lui qui, dans l'année qui vient de » s'écouler, a été le colporteur et l'entremetteur entre l'île d'Elbe et nous. »

» Je ne me dissimule pas, Messieurs, que cette note écrite, à ce qu'on dit, par mon mari, semblerait, au premier coup-d'œil, fournir une preuve sans réplique de ses relations avec l'île d'Elbe ; et cependant, moi, sa femme, sa compagne assidue, la confidente de toutes ses actions, de toutes ses pensées, moi qui ne l'ai pas quitté un seul moment, je réponds sur ma tête, et j'affirmerais avec serment, que M. le duc de Rovigo n'a point écrit ce billet, n'a pas eu de correspondance, et pas même le plus simple rapport avec l'île d'Elbe, pendant que Bonaparte y demeurait.

» Ainsi le notaire de mon mari étant venu le voir, immédiatement après sa première entrevue avec Bonaparte, le 21 mars, et lui ayant demandé comment il avait été reçu : « Froidement, lui répondit-il ; mais je m'y » attendais ; car durant son absence, je ne lui ai donné aucune marque » d'intérêt, je n'ai rien fait pour lui. » Telle fut sa réponse, dont la vérité serait attestée au besoin.

» Est-ce là le langage d'un correspondant assidu de l'île d'Elbe, d'un homme qui aurait entretenu des intelligences avec Bonaparte ? Dans la supposition que l'on fait, mon mari, plein du souvenir de ses services nouveaux, ne se serait-il pas plaint d'un accueil qui eût été une injustice ou une ingratitude ?

» Si mon mari, ancien ministre de Bonaparte, lui avait encore donné des preuves de zèle pendant son exil, il aurait assurément joué l'un des premiers rôles à son retour et obtenu une grande place dans sa confiance ; on ne l'aurait pas vu descendre du rang qu'il occupait auparavant, relégué dans un emploi secondaire, privé de toute influence politique, et tombé enfin dans une défaveur dont tout le monde a été témoin : ces faits avérés sont la justification la plus complète du duc de Rovigo sur le second chef d'accusation.

» La correspondance du duc de Rovigo, ex-ministre de la police générale, avec l'île d'Elbe, aurait d'abord paru une chose si grave que la moindre preuve en ce genre eût suffi pour devenir un chef d'accusation dans l'ordonnance royale elle-même : et dans ce cas, le duc de Rovigo se trouverait en tête de la liste des prévenus, au lieu d'y être inscrit le dernier ; mais rien n'indiquait, rien ne prouvait, rien ne prouvera jamais une correspondance de mon mari avec l'île d'Elbe. Avant son malheur, comme depuis, aucune voix ne s'est élevée pour l'accuser de ce fait dont on savait bien qu'on ne pouvait le convaincre. Ce fait n'a donc pu motiver son inscription sur la liste fatale, où, peut-être, il n'a été placé que parce qu'on a voulu y mettre un ancien ministre de la police générale.

» Après des raisons aussi positives de croire à l'innocence du duc de Rovigo, sous ce rapport, que devient cette note prétendue de la main de mon mari ? Cette note, je le répète, n'est pas de lui ; d'ailleurs insigni-

fiante, isolée, sans date, sans adresse, elle n'a aucun caractère authentique et n'établit aucune correspondance coupable.

» La note attribuée au duc de Rovigo, quand elle serait toute entière
de sa main, ce qui n'est pas, et reconnue par lui-même, ce qui ne pourrait être, ne saurait prouver un fait contraire à la vérité. Cette note sans
aucun antécédent, sans aucunes conséquences, sans le plus léger indice,
sans la moindre circonstance qui la fortifient, ne peut devenir une pièce
de conviction contre le duc de Rovigo. L'interrogatoire du sieur Renoult,
médecin, établit la fausseté de la note et de la correspondance avec l'île
d'Elbe.

» D'ailleurs, quand on voudrait admettre pour un moment, sur la foi de
cette note isolée, que mon mari eût correspondu avec l'île d'Elbe, il fau-
drait encore prouver que sa correspondance fut criminelle. Or, la note ne
contient rien ni sur la nature et l'objet de la correspondance, ni sur les
personnes avec lesquelles elle était liée. Mon mari aurait pu, sans crime,
écrire à quelques-uns de ceux qui avaient accompagné Bonaparte, pour
leur parler de leurs affaires ou de leurs familles ; mais la note ne prouve
pas même cette correspondance innocente ; elle prouve encore moins qu'il
ait entretenu des intelligences avec Bonaparte, pour préparer son retour
et l'aider dans ses projets. Et comment prouverait-elle ce qui n'est point,
ce qui n'a jamais été ? Car, je le répète, mon mari n'a eu aucune connaissance du projet de Bonaparte ; il n'y a contribué en rien, et Bonaparte ne l'a pas même fait avertir quand ses progrès en France lui don-
naient l'assurance d'arriver à Paris sans obstacle.

» En résumé, Messieurs, mon mari n'a jamais entretenu de correspondance avec l'île d'Elbe pendant le séjour de Bonaparte ; il n'a contribué
en rien à son retour.

» Mon mari n'a point porté les armes contre le Roi ; il n'a point attaqué la France ou le gouvernement à main armée ; il ne s'est point emparé
du pouvoir par la violence. Il a accepté et exercé les fonctions d'inspecteur-général de la gendarmerie ; mais, outre qu'il est certain qu'il n'a agi
en cette qualité que postérieurement au 23 mars, ces deux faits qu'on lui
reproche ne constituent pas une trahison.

» Avant de terminer la justification de mon mari, j'ajouterai encore,
Messieurs, un fait qui vous paraîtra peut-être digne de quelque attention.

» Peu de jours après le retour de Bonaparte, le duc de Rovigo fut
nommé général en chef de l'armée de la Vendée. Il refusa, en disant qu'il
ne voulait pas porter les armes contre des Français.

» Sa nomination et son refus doivent se trouver dans les cartons des bu-
reaux de la guerre ; et si, par hasard, ils avaient été égarés, on pourrait

consulter le ministre de la guerre de cette époque, qui ne refuserait pas sans doute de rendre hommage à la vérité.

» Ce n'est point ici, Messieurs, un Mémoire que je vous présente; ce sont des observations justes qu'une mère de sept enfans soumet à vos lumières; elle ne vous parle pas de ses angoisses, du (sort affreux de ses enfans, si leur père avait le malheur d'être condamné; époux ou pères vous-mêmes, vous entrerez facilement dans toutes les peines de sa déplorable situation; elle ose donc espérer que la pitié autant que la justice vous portera à peser dans votre sagesse les cons dérations qu'elle vient de mettre sous vos yeux. »

La lecture des pièces étant terminée, Mme la duchesse de Rovigo se retire de la salle avec ses deux filles.

M. Viotti prend ensuite la parole pour faire son rapport. Il s'exprime en ces termes :

« Le lieutenant-général Savary devait trouver place dans la liste des officiers-généraux et autres qui préparèrent le retour de Bonaparte en France. Il est du nombre de ceux que l'ordonnance du 24 juillet livra aux tribunaux, et l'ordonnance ne fit que confirmer les conjectures de toute la France sur la participation de ce général dans le grand attentat commis en mars 1815.

» Cependant, quoique cette présomption fût notoire, l'action de la justice s'est trouvée suspendue pendant huit à neuf mois, par l'effet de l'absence de toute preuve juridique. Je l'ai déjà dit, le premier soin qui fut pris lors du retour du Roi, fut de faire disparaître tout ce que l'on trouva de pièces de nature à démontrer l'existence de la conspiration qui ouvrit à Bonaparte le chemin de l'île d'Elbe aux côtes de Provence et celui de la Provence à la capitale. Cette attention officieuse de la part des conjurés n'a cependant pas eu un succès complet : quelques pièces ont échappé à leurs recherches, et au nombre de celles-ci, vient s'en offrir une qui prend le caractère d'une preuve matérielle contre le lieutenant-général Savary. Cette pièce, qui fut découverte à la fin d'août dernier, est une lettre écrite pendant l'usurpation par l'accusé lui-même. Cette lettre renferme deux assertions distinctes : la première est, qu'avant le 1er mars 1815, il y a eu intelligence entre Bonaparte et une réunion à Paris de personnages dont l'accusé faisait partie; et, suivant la seconde, le sieur Renoult aurait été un des agens de cette intelligence.

» Il ne nous est pas permis de soulever le voile dont la loi d'amnistie couvre la conduite du sieur Renoult. J'aime à croire que cet officier de santé parviendrait à prouver son innocence, et qu'ainsi qu'il le prétend, le passage de la lettre qui le concerne n'est qu'un ingénieux mensonge auquel l'accusé a eu recours pour assurer le succès de sa recommandation. Mais

que ce soit à tort ou à raison qu'on présente le sieur Renoult comme entremetteur entre l'île d'Elbe et Paris, du moins restera-t-il l'aveu fait par
l'accusé d'un crime déjà prouvé dans les procès précédens soumis à votre
examen....

» A cette première charge qui pèse sur l'accusé, vient s'en joindre une
autre dont vous avez sous les yeux la preuve authentique. Je vous ai donné
lecture, Messieurs, de l'ordre de Bonaparte en vertu duquel le général
Savary reprit, dès le 20 mars, les fonctions d'inspecteur-général de la
gendarmerie.

» Ainsi donc, l'accusation sur laquelle vous avez à prononcer est justifiée par l'acceptation qu'a faite le 20 mars le général Savary de l'emploi
d'inspecteur-général de la gendarmerie, comme elle est justifiée aussi par
l'aveu que fait ce général de ses intelligences avec Bonaparte avant le 20
mars 1815. »

M. le rapporteur finit en ces termes :

« Je conclus à ce que le lieutenant-général Savary soit déclaré con-
vaincu de trahison, en ce que, par des manœuvres secrètes et au moyen
d'intelligences criminelles, il a facilité le retour de Bonaparte en France ;
en ce qu'aussi il a, bien que comptant parmi les officiers-généraux de
l'armée du Roi, et touchant un traitement militaire sur les fonds du tré-
sor royal, accepté, dès le 20 mars, de l'usurpateur, l'emploi d'inspecteur-
général de la gendarmerie. »

Après une heure de délibération, les conclusions de M. le rapporteur
ont été adoptées à l'unanimité des voix par le conseil de guerre, et le duc
de Rovigo a été condamné, également à l'unanimité, à la peine de mort.

DE L'IMPRIMERIE DE PLASSAN, RUE DE VAUGIRARD, N° 15.